DÍA MUERTOS

Una celebración de la vida

por Polo Orozco • ilustrado por Mirelle Ortega

 A GOLDEN BOOK • NEW YORK

Derechos del texto reservados © 2024 por Polo Orozco
Derechos de las ilustraciones de la cubierta y del interior reservados © 2024 por Mirelle Ortega
Derechos de la traducción al español reservados © 2024 por Penguin Random House LLC
Todos los derechos reservados. Publicado en Estados Unidos por Golden Books, un sello editorial de Random House
Children's Books, una división de Penguin Random House LLC, 1745 Broadway, Nueva York, NY 10019. Golden Books,
A Golden Book, A Little Golden Book, el colofón de la G y el distintivo lomo dorado son marcas registradas
de Penguin Random House LLC. Simultáneamente publicado en inglés como *Day of the Dead: A Celebration of Life*
por Random House Children's Books, una división de Penguin Random House LLC, Nueva York, en 2024.
rhcbooks.com
Educadores y bibliotecarios, para acceder a una variedad de recursos de enseñanza, visítenos en RHTeachersLibrarians.com
Número de control de la Biblioteca del Congreso de los Estados Unidos de América: 2023945376
ISBN 978-0-593-89706-5 (trade) — ISBN 978-0-593-89707-2 (ebook)
Impreso en los Estados Unidos de América
10 9 8 7 6 5 4 3 2 1

¡Es Día de Muertos! El día en el que las familias se reúnen para recordar a los seres queridos que ya no están con nosotros. Celebramos sus vidas y los recibimos de vuelta en casa.

Hace mucho tiempo, los pueblos indígenas en México comenzaron a rendirle honor a la muerte. Los mexicas creían que las personas iban a un lugar de descanso llamado Mictlán después de morir. ¡El viaje ahí duraba cuatro años!

Para ayudar a sus seres queridos a encontrar el camino a Mictlán, los mexicas hacían ofrendas, colecciones de objetos como incienso, ropa, flores y comida que se colocaban en los lugares de entierro.

En el siglo XVI, España invadió a México.
La combinación de nuevas y antiguas tradiciones
resultó en lo que conocemos hoy como el Día de
Muertos. ¡Lo celebramos el primero y segundo
de noviembre!

El Día de Muertos es una festividad alegre. Es cuando los espíritus de nuestros seres queridos vienen a visitar el mundo de los vivos, ¡y nos emociona tenerlos de vuelta! En nuestras casas, construimos altares en donde ponemos nuestras ofrendas. Los altares pueden tener dos, tres e incluso siete niveles.

Los altares lucen diferentes en cada hogar, pero es tradición incluir ciertos elementos. En la parte superior, colocamos la fotografía de quien deseamos recordar, ya sea un abuelo, tía, tío o cualquier persona que ya no esté con nosotros. Debajo, hay objetos que nuestros seres queridos pueden utilizar durante su visita.

Hay un recipiente con sal, un vaso de agua e incienso.
El incienso limpia la habitación y aleja a los malos espíritus.

En la parte inferior del altar, dibujamos una cruz con ceniza
para que los difuntos expíen sus culpas. Y para que descansen,
colocamos una alfombra tejida llamada petate.

¡Pero esto es una celebración! En el altar, incluimos juguetes
e instrumentos musicales que los difuntos poseían en vida y que
pueden disfrutar nuevamente. También servimos su comida
favorita, junto con caña de azúcar y frutas como ciruelas y piñas.

Las decoraciones
coloridas de papel picado
son divertidas de hacer.

Las flores de cempasúchil
son aromáticas y tienen un color
brillante. Estas guían a los difuntos
a casa. Las velas también ayudan
a iluminar su camino.

Después que la ofrenda está lista, algunas personas
se quedan despiertas para esperar a los difuntos. Se dice
que ellos vienen al altar muy de noche.

Las familias abren sus puertas a las visitas. Vecinos y amigos quieren ser parte de la diversión y remembranza.

Algunas familias celebran fuera del hogar. Decoran
y hacen ofrendas en las tumbas de sus seres queridos.

Con velas por doquier, ¡los cementerios
brillan en el Día de Muertos!

Como en cualquier fiesta, ¡la comida es esencial! Se la ofrecemos a los difuntos, pero los vivos también disfrutan de un festín. Un plato popular es el mole, una salsa hecha con chiles picantes y chocolate. ¡Es delicioso! Lo ponemos sobre pollo y lo servimos con arroz, tortillas y una bebida mexicana tradicional llamada horchata.

Hay golosinas dulces como el pan de muerto. Este pan suave tiene sabor a anís y naranja. ¡La parte de arriba tiene forma de huesos!

En el Día de Muertos, hay calaveras por doquier.
Las calaveras de azúcar son parte de la ofrenda. Incluso
escribimos poemas chistosos a los difuntos llamadas
calaveras literarias.

También hay desfiles de Día de Muertos. Las personas marchan luciendo ropa elegante y maquillaje de calavera, todo inspirado en un personaje mexicano llamada La Catrina. ¡Es muy elegante!

Países como Perú, Ecuador y Argentina tienen sus propias celebraciones del Día de Muertos. En Guatemala, las festividades incluyen volar cometas gigantes y coloridas.

En Bolivia, las personas hornean panes en forma de niños y bebés llamado tantawawas.

¡Familias latinas por todo el mundo
celebran el Día de Muertos!

El altar está listo. Los dulces aromas del incienso y las flores llenan el aire. Las velas iluminan nuestro hogar. Es hora de reunirse, celebrar y recordar a aquellos que amamos.

¡Feliz Día de Muertos!